Schirner
Verlag

Britta Diana Petri

Köstliche Kokos-Rezepte

roh, vegan und glutenfrei

aus der RainbowWay®-Vitalkost-Küche

Abbildungsverzeichnis

Fotos zu den Rezepten:
Britta Diana Petri, RainbowWay® Akademie

Fotos von VitaMix, Personal Blender und Excalibur:
mit freundlicher Genehmigung von Keimling Naturkost GmbH

ISBN 978-3-8434-5054-6

Britta Diana Petri:
Köstliche Kokos-Rezepte
roh, vegan und glutenfrei
aus der RainbowWay®-Vitalkost-Küche
© 2012 Schirner Verlag, Darmstadt

Umschlag: Murat Karacay, Schirner
unter Verwendung des Bildes Nr. 15844429
von © volff, www.fotolia.de
Layout: Arne Gutowski, Schirner
Lektorat: Sarah Neumann, Schirner
Printed by: Ren Medien GmbH, Germany

www.schirner.com

4. Auflage Oktober 2015

Inhalt

Vorwort von Dr. rer. nat. Markus Schmid 8

Einführung 14

Die Kokosnuss in der veganen Vitalkost 17

Ausstattung und Geräte
für die Zubereitung der Kokos-Rezepte 25

Die Rezepte 27
Kokossuppen 28
    Grundrezept für Kokossuppen 28
      Tomaten-Basilikum-Suppe 29
      Kürbis-Papaya-Suppe 31
      Grüne Kräutersuppe 32
      Gemüsesuppe 33
      Exotische Currysuppe 34
Würzige Kokossaucen 35
    Grüne Kräutersauce 35
    Curry-Ananas-Sauce 36
    Tomatensauce »Tochika« 37
Kokosbutter und Kokosschmalz 38
    Kräuterbutter 38
    Italienische Mandelbutter 39
    Asiatische Mandelbutter 40
    Habanero-Cashew-Butter 41
    Grundrezept für Kokosschmalz 41
      Schnittlauchschmalz 42
      Apfel-Zwiebel-Schmalz 42
      Wildkräuterschmalz 44
      Mediterranes Schmalz 44

Mariniertes Kokosfleisch und würzige Kokoschips 45
  Grundrezept für mariniertes Kokosfleisch 46
  Grundrezept für würzige Kokoschips 48

Kokospüree 49
  Rotviolettes Kokospüree 50
  Helles Kokospüree 50
  Goldenes Kokospüree 51
  Carob-Orangen-Kokospüree 52

Kokoswraps 53
  Grundrezept für Wraps 53
    Grüne-Kräuter-Wrap 56
    Tomate-Paprika-Wrap 56
    Curry-Mango-Wrap 57
    Meerrettich-Apfel-Wrap 57
    Scharfer Papayawrap 58
    Apfel-Zimt-Wrap 58
    Schoko-Wrap 58
    Carob-Birnen-Wrap 58
    Zitronen-Ingwer-Wrap 59
    MaKao-Wrap 59

Kokosteige für Kuchen, Torten und Plätzchen 61
  Grundrezept für Kokosteige 61
    Mangoteig 63
    Schoko-Mandel-Teig 64
    Beerenteig 64
    Einfacher Bananenteig 65
    Streuselkuchen 65
    Schoko-Cashew-Torte 67
    Cashew-Blutorangen-Torte 69

Kokos-Frucht-Kekse 71

   Grundrezept für Kokos-Frucht-Kekse.. 71

     Orangenkekse 72

     Ananaskekse 72

     Aprikosenkekse 72

     Brombeerkekse 72

     Schokokekse 73

     Carobkekse 73

     MaKao-Kekse 73

     Papayakekse 73

Schokoladige und fruchtige Kokos-Leckereien....................... 75

   Gekühlte Kokolade 76

   Frucht-Kokolade 77

   Schokolierte Früchtchen 78

   Schokocremepudding 79

   Frucht-Schokopudding 80

   Schoko-Chili-Creme 81

Eiskreationen 83

   Grundrezept für Eiscreme 83

   Eis-Muffin auf Himbeer-Mango-Sorbet 84

   Kokosschaum 87

Kokosshakes 89

   Grundrezept für Kokosshakes 89

     Carobshake 90

     Schokoshake 90

     Cashew-Makao-Shake 90

     Erdbeer-Carob-Shake 91

     Aprikosenshake 91

     Möhren-Orangen-Shake 92

     Sonnengruß-Shake 92

Über die Autorin.. 94

Vorwort von

Dr. rer. nat. Markus Schmid

Seitdem die Wissenschaft mit dem weitverbreiteten Märchen aufgeräumt hat, dass gesättigte Fettsäuren gesundheitsschädlich sind, ist die Kokosnuss erste Wahl, wenn es um die tägliche Verwendung von gesunden Fetten geht. Nicht nur Kokosöl, sondern auch Kokosmilch, -raspel, -mus und -wasser haben ein beachtliches Potenzial für unsere Gesundheit.

Kokoswasser wird aus dem Inneren von jungen Kokosnüssen gewonnen und ist ein hervorragendes Elektrolyt-Getränk mit einem relativ hohen Gehalt an Selen, Kalium, Magnesium, Kalzium und Natrium.[*]
Kokosmilch ist eine Mischung aus Kokosfleisch und Kokos- oder Trinkwasser mit einem Fettgehalt zwischen 16 und 24 %. Durch kurzzeitiges Erhitzen auf ca. 60 °C kann auf Konservierungsstoffe verzichtet werden.

---

[*] Die in diesem Abschnitt gemachten Angaben zu Nährwerten und Bestandteilen der Kokosprodukte beziehen sich auf die Artikel eines marktführenden Herstellers von Bio-Kokosprodukten. Da diese reinste Naturprodukte sind, sind diese Werte aber niemals einheitlich oder gar verbindlich. Sie können von Hersteller zu Hersteller abweichen, abhängig von Anbaugebiet, Pflanzenart und Vegetationsphase der von ihm verwendeten Kokosnusspalme sowie seinem Herstellungsverfahren für die Kokosprodukte.

Für Kokosmus wird eine Mischung aus Fruchtfleisch, Kokosöl und Kokoswasser verwendet. Diese perfekte Mischung aller Bestandteile der Kokosnuss enthält somit ca. 68 % Kokosöl, 15 % Ballaststoffe, 7 % hochwertiges Eiweiß, 6 % Kohlenhydrate sowie Mineralien, Spurenelemente (Selen) und Vitamine.

Kokosfruchtfleischprodukte wie Kokosraspel, -flocken und -chips werden in guter Qualität frisch verarbeitet und schonend getrocknet. Sie enthalten alle wertvollen Inhaltsstoffe des Fruchtfleisches und ca. 66 % Fett. Das Kokosmehl zeichnet sich durch einen hohen Eiweiß- (18–20 %) und Ballaststoffanteil (38–40 %) aus. Der Fettgehalt liegt bei ca. 12–16 %.

Das Bemerkenswerteste an der Kokosnuss ist ihr hoher Gehalt an Laurinsäure (bis zu 59 %). Laurinsäure ist eine mittelkettige gesättigte Fettsäure, bestehend aus einer Kette von 12 Kohlenstoffatomen. Sind die Fettsäureketten 8–12 Kohlenstoffatome lang, spricht man von mittelkettigen Fettsäuren.

Mittelkettige gesättigte Fettsäuren gelangen ohne Gallenflüssigkeit und Transportproteine direkt aus dem Darm über die Pfortader zur Leber und stehen unmittelbar zur Energiegewinnung für die Mitochondrien in den Zellen zur Verfügung, selbstverständlich insulinunabhängig. Ein Teil wird zudem in der Leber in Ketone umgewandelt, welche als Energiequelle für unser Gehirn dienen, auf das ca. 20 % unseres täglichen Energiekonsums fallen. Ketone liefern außerdem 25 % mehr Energie als Glukose und kommen bei der Energiegewinnung mit wenig Sauerstoff aus, was eine Versorgung von sauerstoff-armem Gewebe fördert.

Während wir ungesättigte Fettsäuren nur in geringen Mengen benötigen und diese mit fettlöslichen Antioxidantien wie Vitamin E eingenommen werden sollten, kann eine tägliche Aufnahme von mehr als 4 Esslöffeln Kokosöl oder anderen naturbelassenen Kokosprodukten unseren Körper optimal unterstützen.

Bevor die Fettsäuren im Kokosöl ihre vielfältigen Wirkungen zeigen können, müssen sie in freie oder Einzelketten-Fettsäuren zerkleinert werden.

Mittelkettige Fettsäuren im Kokosöl können Bakterien, Viren und Pilze (wie Candida albicans) abtöten oder für das Immunsystem erkennbar machen (interessanterweise enthält die menschliche Muttermilch 5,8 % Laurinsäure im Gesamtfettanteil, um Babys vor Infektionen zu schützen). Kommen Erreger mit Laurin-, Caprin- und Caprylsäure in Kontakt, schaden diese der fettlöslichen Erregerzellwand oder lösen diese sogar auf. Bei Pilzinfektionen ist der Gehalt an Caprylsäure (8 %) und Caprinsäure im Kokosöl für die therapeutische Anwendung zu gering, es kann aber zusammen mit anderen Maßnahmen unterstützend eingesetzt werden. Darmparasiten können durch große Mengen Kokosflocken und Bittersalz ausgeschieden werden.

Die Fettsäuren im Kokosöl fördern zudem die Elastizität der Blutgefäße und unterstützen und entlasten das Herz-Kreislauf-

System, indem durch sie z.B. der Cholesterinspiegel gesenkt wird und die Herzmuskeln mit schnell verfügbarer Energie versorgt werden.

Auch bei einer Reihe von degenerativen Krankheiten profitieren Betroffene vom täglichen Verzehr von Kokosöl. Die Entstehung solcher Erkrankungen wird u.a. durch den langjährigen Konsum von gehärteten Transfetten verursacht, die der Organismus nicht verwerten kann und die den Stoffwechsel sowie die Nährstoffaufnahme beeinträchtigen.

So kann man z.B. mit Kokosöl durch die erhöhte Kalzium-Absorption Osteoporose vorbeugen oder Cholesterin-Gallensteine über einen längeren Zeitraum verkleinern. Insbesondere für die Leber ist Kokosöl nützlich, da durch gesättigte Fettsäuren angeliefertes, gestautes Cholesterin in den Leber- und Gallengängen gelöst wird, die Leber vor Schadstoffen geschützt und die Entgiftungsfunktion gefördert wird.

Diabetes-Patienten können von Kokosöl mehrfach profitieren. Zum einen erhöht es die Insulinproduktion, und die Zellen können wieder leichter Zucker aufnehmen. Zum anderen werden unterversorgte Zellen wieder mit insulinunabhängiger Energie versorgt, was sie vor dem Hungertod rettet.

Eine ähnliche Unterversorgung zeigt sich bei Morbus Alzheimer, auch »Diabetes des Gehirns« genannt, da die Gehirnzellen über Jahrzehnte aus unterschiedlichen Gründen nicht ausreichend Energie aufnehmen können und langsam absterben. Die bereits erwähnten Ketone können hier die Versorgung übernehmen und die bekannten Symptome, wie den Gedächtnisverlust, im besten Fall sogar teilweise rückgängig machen. Die Wissenschaft zeigt uns in vielen weiteren Fällen, welchen Nutzen die Kokosnuss für unsere Gesundheit bietet. Einen letzten Punkt möchte ich noch erwähnen. Während ein Zuviel an Omega-6-Fettsäuren die Verwertung von Schilddrüsenhormonen und somit den Grundumsatz hemmt, d. h. die Verwertung und Bereitstellung von Energie, hilft Kokosöl, den Grundumsatz zu erhöhen und überschüssige Fettreserven abzubauen, da mittelkettige Fettsäuren nicht wie langkettige Fettsäuren bei bedarfsgerechtem Verzehr in Depots gespeichert werden.

Wenn Sie beim Kauf von Kokosprodukten auf eine optimale Qualität Wert legen, sollten Sie auf ein paar wichtige Punkte achten:

• Stammen die Bio-Kokospalmen aus einer nachhaltigen tropischen Mischkultur auf mineralstoffreichen Humusböden?

• Werden die reifen Kokosnüsse nach der Ernte in Handarbeit frisch verarbeitet und zu keinem Zeitpunkt über 40 °C erhitzt?

• Ist das Produkt naturbelassen, d. h. weder raffiniert, gehärtet, gebleicht noch desodoriert, und frei von Zusatzstoffen?

Sind diese Kriterien erfüllt, was bei Weitem keine Selbstverständlichkeit ist, erkennen Sie hochwertige Kokosprodukte am feinen, milden Kokosgeschmack. Wasserfreies Kokosöl ist selbst nach 10 Jahren noch einwandfrei. Nur wenn sich auf der kalten Oberfläche Kondenswasser sammelt, nachdem es aus dem Kühlschrank genommen wurde, können sich Keime vermehren. Dies gilt auch für das Kokosmus. Daher ist eine Lagerung bei Raumtemperatur vorzuziehen. Kokosraspel, -wasser und -milch sind angebrochen – wenn möglich luftdicht – am besten im Kühlschrank aufzubewahren.

Vielen Dank, Britta Diana, für dieses inspirierende Buch.

Dr. rer. nat. Markus Schmid, PuraVita Naturwaren

Einführung

Als Inhaberin der RainbowWay® Akademie, einer freien Schule für natürliche Gesundheit, vegane Vitalkost und holistische Lebenskunst, sind mir Natur- und Gesundheitsforschung sowie eine ganzheitliche Sicht und Vorgehensweise sehr wichtig.

Das neue Zeitalter erfordert, dass wir einen tiefen Respekt vor der Schöpfung haben. Alles, was wir denken, tun und erschaffen, soll dem Wohl des Einzelnen ebenso wie dem Wohl des Ganzen dienen. Wir sollten unsere Entscheidungen immer so treffen, dass weder das Einzelne (Mensch, Tier, Pflanze, Natur ...) noch das Ganze (Menschheit, Erde, Universum ...) Schaden erleidet. Nur wenn es dem kleinsten Teil des Ganzen gut geht, geht es auch dem Ganzen gut und umgekehrt, denn alles ist miteinander verbunden und wirkt aufeinander ein. Wenn wir das begreifen und uns danach richten, wird alles gut.

Eine vegane, vitale Ernährungsweise trägt sowohl zum Wohl des Einzelnen als auch zum Wohl des Ganzen bei. Sie schont die Umwelt, fördert die Gesundheit, das spirituelle Wachstum und die Entwicklung des individuellen Potenzials, und sie unterstützt die harmonische Symbiose zwischen allem, was ist.
Eine gute, die Gesundheit und das Leben fördernde Ernährung bedeutet, dem Körper alles zu geben, was er braucht, und alles

wegzulassen, was er nicht braucht. Wenn Nahrung »lebendig« ist, vermag sie auch Lebensenergie und lebensfördernde Informationen zu spenden. Rohkost bzw. Vitalkost ist lebendig, da sie nicht über 42 °C erhitzt wird. Unter dieser Temperatur bleiben die Vitamine, Enzyme, Mineralstoffe, Spurenelemente, Fette, Eiweiße und sekundären Pflanzenstoffe lebendig erhalten und stehen zur optimalen Zellversorgung zur Verfügung.

Rohkost gab es schon immer, und in Form von Salaten, rohem Gemüse und Obst hat sicherlich jeder schon einmal Rohkost gegessen, der eine ein bisschen mehr, der andere ein bisschen weniger. Die Kunst der veganen Vitalkost-Zubereitung gibt uns die Möglichkeit, Gesundheit mit Genuss zu verbinden. In der veganen Erlebnisvitalkost und Gourmetvitalkost geht es um die Befriedigung der Geschmackssinne, ein ansprechendes Aussehen der Mahlzeiten, die optimale Kombination der Nahrungsmittel, leichte Verdaulichkeit, eine hohe Vitalstoffdichte, Licht und Farben für unsere Zellen, natürliche Ordnungsinformationen und Lebensenergie sowie um Genuss und Freude beim Essen. Wer diese Art der Nahrung einmal probiert hat, der weiß, wie gut sie sich anfühlt. Das ist Nahrung, die »auf allen Ebenen ernährt«, die befriedigt und glücklich macht. Von Vitalkost ist man zudem viel schneller satt und braucht deshalb wesentlich kleinere Portionen. Durch die hohe Vitalstoffdichte muss man keine großen Mengen an leerer Masse verschlingen, die den Körper verstopft und mit einem hohen Energieaufwand wieder ausgeschieden werden muss oder schlimmstenfalls im Körper abgelagert wird, was zu Verschlackung und zu Gewichtsproblemen führt.

Was der Körper wirklich braucht, um seine Lebensenergie zu erneuern und zu erhalten, findet er bereits in kleinen Mengen veganer Vitalkost, in frischen reifen Früchten, Gemüsen, Blättern, Blüten, Wurzeln, Kräutern, Wildkräutern, Nüssen, Samen und Keimlingen. Vitalkost-Ernährung eignet sich daher auch wunderbar zur Gewichtsregulierung. Sie stimmt fröhlich, hält uns im basischen Bereich, bringt Energie und schafft Balance und Zufriedenheit.

Nach »Zauberhafte Mandelmus-Rezepte« und »Naturgesunde Fruchtleder und Wraps« möchte ich Sie, liebe Leser, nun etwas näher mit der Kokosnuss vertraut machen und Ihnen meine Lieblinsrezepte vorstellen, die nicht nur gut schmecken, sondern auch einfach zuzubereiten sind. Ob würzige Aufstriche oder süße Törtchen – die Verwendungsmöglichkeiten der Kokosnuss sind vielfältig und Ihrer Kreativität in der Küche damit keine Grenzen mehr gesetzt.

Britta Diana Petri

Die Kokosnuss
in der veganen Vitalkost

Die frische Kokosnuss ist eine leckere Schatzkiste, voll von wertvollen Inhaltsstoffen. Sowohl im gesundheitlichen als auch im kulinarischen Bereich ist sie ein wahrer Tausendsassa.

Frisches Kokosfleisch

Das frische, saftige Fleisch einer Kokosnuss lässt sich leicht mit einem großen Löffel herauslösen. Setzen Sie den Löffel dazu hinter dem Fruchtfleisch an der harten Wand an, und schieben Sie ihn nach unten. Auf diese Weise können Sie das Kokosfleisch weitgehend am Stück herauslösen. Sie können es pur essen oder im Mixer zu einer sahnigen Creme verarbeiten, die Sie verschiedenen Speisen zugeben können. Ein besonderes Highlight ist das in Streifen geschnittene Kokosfleisch, ob auf beliebige Weise gewürzt und zusammen mit bunten Salaten serviert oder im Lebensmitteltrockner zubereitet (siehe S. 46).

Bio-Kokosöl in Rohkostqualität

Kokosöl findet nicht nur äußerlich (Haut- und Haarpflege, Sonnenkosmetik, Schutz vor Zecken, Fellpflege bei Tieren) oder bei der Gesundheitspflege (Ölziehen, Mund- und Zahnpflege) Verwendung, sondern auch in der Kochkunst, etwa beim Braten und Backen. Die vielfältigsten Anwendungsmöglichkeiten finden sich jedoch in der Vitalkost-Zubereitung. Ob Sie das Öl für Dips und Aufstriche verwenden, für Kuchen und Torten, Naschwerk und Schokolade, Ihrer Kreativität sind hier keine Grenzen gesetzt.

Bio-Kokosmus in Rohkostqualität

Kokosmus ist nicht nur pur ein Hochgenuss, sondern auch eine Bereicherung für alle erdenklichen Speisen. Aus natürlichem, erntefrischem Kokosfruchtfleisch stellt z. B. Dr. Goerg sein Premium-Bio-Kokosmus in Rohkostqualität her, das an Geschmack und Cremigkeit kaum zu überbieten ist. Es ist voll von wichtigen Nährstoffen und hat ein hervorragendes Aroma. Es ist außerdem nicht nur nahrhaft, sondern auch sättigend und naturgesund.

Bio-Kokosmehl

Mit seinen naturgesunden Eigenschaften und seiner ausgesprochen guten Quellfähigkeit ist Bio-Kokosmehl von großer Bedeutung, wenn Sie mit den Konsistenzen Ihrer Kreationen spielen wollen. Es bringt in so manches Gericht Festigkeit, hat einen hohen Ballaststoffanteil und sättigt hervorragend, weshalb es auch zur Gewichtsregulierung besonders empfehlenswert ist.

Bio-Kokosraspel

Bio-Kokosraspel bestehen aus dem erntefrischen Fruchtfleisch von Bio-Kokosnüssen und überzeugen mit ihrem delikaten Aroma, aber auch mit ihren vielfältigen Verwendungsmöglichkeiten.

Kokosmilch

Kokosmilch ist pasteurisiert, wenn man sie fertig in der Dose kauft. Wie bei allen Produkten gibt es große herstellerbedingte Unterschiede. Zu empfehlen ist die Kokosmilch von Dr. Goerg, denn diese wird ohne Wasserzusatz und ausschließlich aus frischen Bio-Kokosbestandteilen hergestellt. Mit nur 18 % Fett ist sie eine kalorienbewusste und vor allem vegane Alternative zu Sahne oder Schmand und lässt sich ähnlich wie diese einsetzen.

Kokosmilch in Rohkostqualität

Wenn Sie den Inhalt einer frischen Kokosnuss, das wertvolle Kokoswasser und das herrlich weiche Fruchtfleisch, in den Mixer geben, entsteht ein ganz frisches Kokosmilchgetränk in Rohkostqualität. Genießen Sie es pur, oder bereiten Sie daraus einen Shake mit Früchten zu (siehe S. 89).

Haben Sie keine frischen Kokosnüsse zur Verfügung, können Sie auch 2 EL Kokosmus und 1 EL Kokosöl (je nach gewünschter Konsistenz auch mehr oder weniger) mit 500 ml Wasser im Mixer verarbeiten, um eine Art Kokosmilch zu erhalten.

Kokoswasser

Kokoswasser ist sehr reich an Mineralien und Spurenelementen und hat einen beachtlichen Gesundheitswert. Wenn Sie Kokosnüsse kaufen, schütteln Sie diese, um zu hören, ob reichlich Wasser enthalten ist. Je mehr Wasser sie aufweisen, desto frischer sind sie. Greifen Sie nicht auf die braunen Kokosnüsse im Supermarkt zurück, denn diese beinhalten kaum noch Wasser. Frische Kokosnüsse finden Sie im Bio- und Rohkosthandel, wie z. B. bei Orkos und Passion4fruit.

»Köpfen« Sie die Kokosnüsse bzw. öffnen Sie sie oben an ihren sogenannten Augen mit einem Hack-Messer, bis das weiße Häutchen vom Fruchtfleisch zu sehen ist. Wenn Sie dieses öffnen, können Sie einen Strohhalm hineinstecken und das Kokoswasser daraus trinken, oder Sie stellen die Kokosnuss auf den »Kopf«, damit das Kokoswasser in ein Gefäß laufen kann.

Frisches Kokoswasser ist reich an Vitalstoffen und kann als vollständige Flüssigmahlzeit angesehen werden. Damit eignet es sich auch sehr gut zum Fasten.

Kokoswasser ist auch fertig in Flaschen oder Dosen erhältlich, jedoch nicht in Rohkostqualität, und auch bei diesem Produkt gibt es herstellerbedingte Qualitätsunterschiede. Versuchen Sie, sofern Sie gerade keine frischen Kokosnüsse zur Verfügung haben, auf besonders reine und schonend behandelte Bioprodukte zurückzugreifen.

Kokosblütennektar und Kokoszucker

Kokosblütennektar und Kokoszucker sind ebenfalls sehr gute Bioprodukte, die allerdings nicht in Rohkostqualität zu haben sind. Sie finden in der Vitalkost-Küche daher keine oder nur bedingt Verwendung. Für Nichtrohköstler bzw. diejenigen, die sich nicht nur von Rohkost ernähren, sind sie allerdings eine optimale Alternative zu Zucker und anderen Süßstoffen, voller Mineralstoffe, naturgesund und sehr lecker.

Ausstattung und Geräte für die Zubereitung der Kokos-Rezepte

Für die Zubereitung der Kokos-Rezepte benötigen Sie die üblichen »starken« Geräte der Vitalkost-Küche, wie einen starken Mixer und / oder Blender, eine Küchenmaschine mit S-Messer, gute Messer und einen Lebensmitteltrockner wie z. B. den Excalibur. Als Zubereitungsgeschirr sollten Sie Glas- und Porzellanschüsseln verwenden. Wann immer Sie auf Plastik verzichten können, sollten Sie es auch tun. Müssen Sie aber doch einmal auf Plastikgeschirr zurückgreifen, sollten Sie darauf achten, dass es lebensmittelecht ist und keine Schadstoffe an Ihr Essen abgibt.

Die Rezepte

In der veganen Vitalkost-Zubereitung geht es vor allem um Kreativität und ums Ausprobieren. Zur Herstellung von Cremes und Saucen benötigen Sie zutatenbedingt mal mehr, mal weniger Flüssigkeit. Trocknungszeiten können je nach Art des Trockners oder Beschaffenheit des Trockengutes von den im Rezept angegebenen Zeiten abweichen. Bei der Zubereitung der Kokosgerichte habe ich mit den Kokosprodukten von Dr. Goerg gearbeitet, was bedeutet, dass Ihnen die Rezepte damit am besten gelingen. Beziehen Sie Ihre Kokosprodukte von einem anderen Hersteller, können Änderungen der Rezeptangaben notwendig werden, um ein optimales Ergebnis zu erzielen.

Passen Sie die Rezepte stets Ihren individuellen Möglichkeiten und Ihren vorhandenen Geräten an.

Kokossuppen

Grundrezept für Kokossuppen

Zutaten

100–200 g Gemüse oder Früchte Ihrer Wahl, je nach gewünschter Dicke der Suppe
ca. 500 ml Wassser
1–2 EL Kokosmus
Gewürze Ihrer Wahl

Zubereitung

Waschen und zerkleinern Sie das Gemüse bzw. die Früchte, und verarbeiten Sie alle Zutaten bis auf die Gewürze im Mixer zu einer cremigen Suppe. Geben Sie anschließend die Gewürze dazu, und mischen Sie noch einmal alles kurz durch. Auf diese Weise werden die Gewürze nicht so lange gemixt und bleiben möglichst frisch.

Alternativ zu Kokosmus und Wasser können Sie für alle Kokossuppen auch das Fruchtfleisch und Wasser einer frischen Kokosnuss verwenden.

Tomaten-Basilikum-Suppe

Zutaten

4 getrocknete Romanatomaten

4 frische Romanatomaten

ca. 500 ml kaltes Wasser

1 EL Kokosmus

1 Handvoll eingeweichte Cashewkerne

1 TL Rosenpaprika

1 Prise Kristallsalz

1 Prise Chili

½ Tasse fein gehacktes Basilikum

Als Gewürze für diese Suppe eignen sich auch sehr gut Oregano, Thymian, Majoran oder eine italienische Kräutermischung.

Zubereitung

Verarbeiten Sie wie im Grundrezept beschrieben alle Zutaten außer dem Basilikum zu einer cremigen Suppe. Rühren Sie dieses anschließend leicht in die Suppe ein.

Tipp: Sehr schön sieht es aus, wenn Sie die Suppe noch mit etwas Kokosmus und Basilikum garnieren.

Kürbis-Papaya-Suppe

Zutaten

200 g Butternut-Kürbis
100 g Papaya und ca. 12 Papayakerne
ca. 500 ml Wasser
1 EL Kokosmus
Saft einer Orange
1 TL abgeriebene Orangenschale
½ TL Chili
½ TL schwarzer Pfeffer
1 Prise Kristallsalz

Zubereitung wie im Grundrezept

Tipp: Schneiden Sie als Einlage 50 g Papaya in Würfel, und zer-krümeln Sie etwa 1 EL Kokosmus sehr fein. Auch Julienne aus einem Butternut-Kürbis passen wunderbar als Einlage für die Suppe.

Grüne Kräutersuppe

Zutaten

ca. 500 ml Wasser
1–2 EL Kokosmus
3 klein geschnittene Borretschblätter
½ Tasse Schnittlauch
½ Tasse frische Petersilie
1 EL Kürbiskernöl
1 TL Dill
1 TL Liebstöckel (Maggikraut)
1 Prise Kristallsalz
1 Prise Pfeffer frisch aus der Mühle

Zubereitung

Verarbeiten Sie das Wasser und das Kokosmus im Mixer zu einer cremigen Suppe. Geben Sie dann die restlichen Zutaten hinzu, und mischen Sie noch einmal alles kurz durch.

Tipp: Dekorieren Sie die Suppe mit einem Sträußchen frischer Petersilie und ein paar Krümeln weißen Kokosmuses.

Gemüsesuppe

Zutaten

½ Tasse junge Erbsen
½ Tasse grob zerkleinerte junge Möhren
½ Tasse grob zerkleinerte gelbe und / oder rote Paprika
ca. 500 ml Wasser
1–2 EL Kokosmus
Saft einer Orange
1 TL Gartenkräuter oder Quarkkräuter
1 Prise Kristallsalz nach Bedarf

Zubereitung wie im Grundrezept

Tipp: Geben Sie nach dem Mixen 3 geviertelte Pilze (Champignons oder Pfifferlinge) und je eine ½ Tasse frische, geschnittene Petersilie, Erbsen, fein zerkleinerte Möhren und fein zerkleinerte gelbe und / oder rote Paprika als Einlage in die Suppe. Garnieren Sie sie mit frisch gemahlenem buntem Pfeffer aus der Mühle, Chilifäden und etwas Petersilie.
Alternativ können Sie Ihrer Suppe auch noch etwas Pep verleihen, indem Sie das Gemüse sowie die Pilze für die Einlage vorher für mindestens 1 Stunde in etwas Tamari marinieren und 2 Stunden im Lebensmitteltrockner antrocknen lassen.

Exotische Currysuppe

Zutaten

1 Tasse Papayawürfel
1 Tasse Ananaswürfel
1 Tasse Mangowürfel
500 ml Wasser
1–2 EL Kokosmus
1 Tasse Sprossen Ihrer Wahl
½ Tasse feine Kokosraspel
Filetstücke einer Orange
Saft einer Orange
Saft einer ½ Zitrone
1–2 EL Currypulver, je nach Wunsch
1 TL abgeriebene Orangenschale
1 Prise Kristallsalz
1 Prise Chili oder Cayennepfeffer

Zubereitung wie im Grundrezept

Tipp: Als Einlage für die Suppe eignen sich kleine Filetstücke einer Orange und nach Wunsch noch ein paar Sprossen.

Würzige Kokossaucen

Als Grundlage für die Saucen können Sie frisches Kokosfleisch und eingeweichte Mandeln oder fertiges Bio-Kokosmus und Bio-Mandelmus verwenden, je nach Wunsch und Möglichkeiten. Wenn der Kokosgeschmack überwiegen soll, können Sie die Mandeln bzw. das Mandelmus auch weglassen.

Grüne Kräutersauce

Zutaten

300 ml Wasser

1 EL Kokosmus

1 EL Mandelmus

1 EL Schnittlauch

1 EL Petersilie

1 EL Brennnesselblätter

2 klein geschnittene Borretschblätter

1 Prise Kristallsalz

1 Prise Pfeffer

Zubereitung

Verarbeiten Sie alle Zutaten im Mixer zu einer feinen Sauce.

Tipp: Diese Sauce passt gut zu Julienne aus grünen Zucchini.

Curry-Ananas-Sauce

Zutaten

100 g Papaya und ca. 12 Papayakerne
2 Ringe frische Ananas
1 Tasse eingeweichte getrocknete Ananas
1 EL Kokosmus
1 EL Mandelmus
1 EL Currypulver
1 Prise Kristallsalz

Zubereitung

Zerkleinern Sie die Papaya und die frischen Ananasringe, sodass sie sich gut im Mixer verarbeiten lassen. Geben Sie anschließend alle Zutaten in den Mixer, und stellen Sie daraus eine cremige Sauce her.

Tipp: Diese Sauce passt sehr gut zu Bandnudeln aus gelben Zucchini. Schneiden Sie dafür Zucchini mit dem Sparschäler in feine Streifen.

Tomatensauce »Tochika«

Zutaten

4 aromatische Strauchtomaten
4 getrocknete Tomaten
2 Medjool-Datteln
½ Tasse eingeweichte Cashewkerne
1 EL Kokosmus
1 EL Mandelmus
1 EL geschälte Hanfsamen
1 EL Paprikapulver
1 TL Rohkakaopulver
½ TL Chilipulver oder Cayennepfeffer

Zubereitung

Schneiden Sie die Strauchtomaten, die Tomaten und die Datteln klein, und verarbeiten Sie alle Zutaten im Mixer zu einer cremigen Sauce.

Tipp: Diese Sauce schmeckt sehr lecker mit Gemüse-Julienne.

Kokosbutter und Kokosschmalz

Kräuterbutter

Zutaten
100 g Kokosöl
50 g Kokosmus
50 g Mandelmus
1 Tasse frischer Schnittlauch
½ Tasse Petersilie und Dill
2 klein geschnittene Borretschblätter
Kristallsalz nach Wunsch
1 Prise Pfeffer

Zubereitung

Mischen Sie die Muse und das Öl im Mixer, und rühren Sie die Gewürze unter. Geben Sie die Masse in ein Schälchen, und stellen Sie die Butter bis zur Verwendung kühl.

Italienische Mandelbutter

Zutaten

100 g Kokosöl
50 g Kokosmus
50 g Mandelmus
1 EL getrocknete italienische Kräuter oder 1 Tasse frische italienische Kräuter (Majoran, Thymian, Oregano, Paprika)
1 EL zerkleinerte getrocknete Tomaten
1 Prise Kristallsalz

Asiatische Mandelbutter

Zutaten

100 g Kokosöl
50 g Kokosmus
50 g Mandelmus
4 zerkleinerte getrocknete Ananasringe
4 zerkleinerte getrocknete Bananenscheiben
2 zerkleinerte getrocknete Mango-Stücke
1 EL Currypulver
1 Prise Kristallsalz
1 Prise Chili

Zubereitung

Vermischen Sie das Öl und die Muse im Mixer, mahlen Sie die Trockenfrüchte in der Küchenmaschine oder im Blender, und rühren Sie sie zusammen mit den Gewürzen unter die Muse. Füllen Sie die Masse in ein Gefäß, und stellen Sie die Butter bis zur Verwendung kühl.

Habanero-Cashew-Butter

Zutaten
100 g Kokosöl
100 g Cashewkerne
¼ Habanero-Schote (ohne die Kerne)
1 Prise Kristallsalz

Zubereitung
Mahlen Sie die Cashewkerne zu Mus, und geben Sie sie mit den restlichen Zutaten in den Mixer. Füllen Sie die entstandene Masse in ein Schälchen, und stellen Sie die Butter bis zur Verwendung kühl.

Grundrezept für Kokosschmalz

Die beste Konsistenz erhalten Sie bei einer Mischung aus Kokosmus und Kokosöl. Sie können das Schmalz aber auch ausschließlich mit Kokosöl herstellen. Probieren Sie beide Versionen aus. Das Schmalz eignet sich gut als Aufstrich auf Vitalbrot.

Zutaten
100 g Kokosöl
100 g Kokosmus
Kristallsalz nach Geschmack

Zubereitung für alle Kokosschmalze

Geben Sie alle Zutaten in den Mixer, füllen Sie die entstandene Masse in ein Schälchen, und stellen Sie das Schmalz bis zur Verwendung kühl.

Schnittlauchschmalz

Zutaten

100 g Kokosöl
100 g Kokosmus
1 Tasse frischer Schnittlauch
1 Prise Kristallsalz

Apfel-Zwiebel-Schmalz

Zutaten

100 g Kokosöl
100 g Kokosmus
1 Tasse getrocknete Apfelwürfel
1 Tasse getrocknete Zwiebelwürfel
1 Prise Kristallsalz

Wildkräuterschmalz

Zutaten

100 g Kokosöl

100 g Kokosmus

1 Tasse klein geschnittene Wildkräuter (Brennnessel, Giersch, Vogelmiere, Franzosenkraut, Wegerich oder andere)

1 Prise Kristallsalz

Mediterranes Schmalz

Zutaten

100 g Kokosöl

100 g Kokosmus

5 fein geschnittene schwarze Oliven

2 fein zerkleinerte getrocknete Tomaten

1 EL getrocknete Lauchzwiebeln

2 zerkleinerte getrocknete Salbeiblätter

1 TL edelsüßes Paprikapulver

½ TL Thymian

½ TL Majoran

1 Prise Chili

1 Prise Kristallsalz

Mariniertes Kokosfleisch
und würzige Kokoschips

Grundrezept für mariniertes Kokosfleisch

Frisches Kokosfleisch eignet sich wunderbar zum Marinieren.
Sie können es in den unterschiedlichsten Marinaden einlegen
und sowohl frisch als auch getrocknet servieren.
Mariniertes Kokosfleisch bereichert herzhafte Vitalkost-Gerichte
und ist getrocknet ein Energiespender für unterwegs.

Zutaten

Fleisch von 2–3 frischen jungen Kokosnüssen
1–2 EL Tamari

Zubereitung

Legen Sie das Kokosfleisch für 30 Minuten bis 2 Stunden, je nach gewünschter Geschmacksintensität, in Tamari ein. Die Trocknungszeit für Kokosfleisch kann je nach verwendetem Trockner, Dicke des Kokosfleisches und gewünschter Konsistenz schwanken. Auch wie saftig oder trocken es ist, spielt bei der Trocknung eine Rolle. Hier ist es wichtig, dass sie ausprobieren, was die optimale Trocknungszeit ist. So bleibt die Vitalkost-Zubereitung spannend, und es kommt immer wieder zu einzigartigen Ergebnissen!
Versuchen Sie auch eine der folgenden Würzmöglichkeiten für die Marinade:
Kristallsalz und Pfeffer
Paprikapulver, Olivenöl und Kristallsalz
Currypulver, Kristallsalz und Sesamöl
gemixte Tomaten und italienische Kräuter
Kürbiskernöl und Tamari

Grundrezept für würzige Kokoschips

Zutaten

300 g feine Kokosraspel oder zerkleinertes frisches Kokosfleisch
1–2 EL Flohsamenschalen
Tamari nach Belieben

Zubereitung

Weichen Sie die Kokosraspel etwa 30 Minuten in so viel Wasser ein, dass die Raspel gerade bedeckt werden. Würzen Sie die eingeweichten Raspel mit Tamari, und geben Sie sie in den Mixer. Fügen Sie die Flohsamenschalen hinzu, verarbeiten Sie alles zu einem Mus, und streichen Sie es dünn auf einen Antihaftboden im Lebensmitteltrockner. Lassen Sie die Masse vollkommen kross durchtrocknen. Danach können Sie sie in Chips zerbrechen und als herzhafte Nascherei oder als Beilage zu einem Vitalkost-Teller anbieten.

Sehr lecker schmecken die Chips auch, wenn Sie sie anstelle von Tamari mit Paprikapulver, Currypulver, Kräuter der Provence, italienischen Kräutern, Zimt oder Ingwer zubereiten. Seien Sie kreativ, und probieren Sie aus, was Ihre Lieblingsmischung ist!

Kokospüree

Kokospüree ist sehr sättigend und kann sowohl pur gegessen als auch als Beilage zu fast jedem Vitalkost-Gericht serviert werden.

Es hat eine wundervoll fluffige Konsistenz, etwa wie Kartoffelbrei, und man kann es in verschiedenen Farben und Geschmacksrichtungen herstellen sowie in einer herzhaften und einer süßen Variante.

Wer es etwas sahniger und gehaltvoller haben möchte, kann noch einen Esslöffel Mandelmus hineinrühren.

Rotviolettes Kokospüree

Zutaten
2 cm Meerrettichwurzel
400 ml Wasser
100 ml frisch gepresster Rote-Bete-Saft
50 g Kokosmehl
1 Prise Salz

Zubereitung
Pürieren Sie die Meerrettichwurzel mit 100 ml Wasser. Rühren Sie die entstandene Masse anschließend zusammen mit dem restlichen Wasser und den weiteren Zutaten in einer Schüssel mit dem Schneebesen auf. Geben Sie das Püree auf einen Teller, und servieren Sie es mit einer Zitronenscheibe.

Helles Kokospüree

Zutaten
500 ml Wasser
50 g Kokosmehl
1 TL Tamari
1 Prise Kristallsalz

Zubereitung

Rühren Sie alle Zutaten in einer Schüssel mit dem Schneebesen auf, und geben Sie die Masse auf einen Teller. Mahlen Sie Pfefferkörner darüber, und servieren Sie das Kokospüree.

Goldenes Kokospüree

Zutaten

300 ml frisch gepresster Karottensaft
100 ml frisch gepresster Orangensaft
100 ml Wasser
50 g Kokosmehl
1 EL Sesamöl
1 TL Curcuma
1 Prise Kristallsalz
1 Prise Cayennepfeffer

Zubereitung

Verrühren Sie in einer Schüssel alle Zutaten mit einem Schneebesen zu einem fluffigen Brei.

Carob-Orangen-Kokospüree

Zutaten
300 ml Orangensaft
200 ml Wasser
50 g Kokosmehl
2 EL Carobpulver

Zubereitung wie Goldenes Kokospüree

Tipp: Dieses Kokospüree eignet sich, mit einem leckeren Obst-salat serviert, wunderbar als sättigendes Frühstück.

Kokoswraps

Grundrezept für Wraps

Zutaten
500 ml Wasser
1 Tasse zerkleinertes Gemüse oder zerkleinerte Früchte
alternativ 1 EL Gewürze und / oder 2 EL frische Kräuter
2 EL Kokosmus
1 EL feine Kokosraspel
2 EL Flohsamenschalen

Zubereitung für alle Wraphüllen
Stellen Sie aus allen Zutaten im Mixer ein Mus her, mischen Sie
dabei zuallerletzt die Flohsamen unter. Streichen Sie die fertige
Masse ca. 5 mm dick auf die Antihaftmatte eines Lebensmittel-
trockners, und lassen Sie diese ca. 6–8 Stunden trocknen. Über-
prüfen Sie dabei immer wieder das Trockengut. Es sollte noch
so flexibel sein, dass Sie daraus gut Hüllen für Wraps formen
können. Alternativ zu den Kokosraspeln und dem Wasser können Sie auch für alle Wraphüllen wieder das Fleisch und Wasser
einer frischen Kokosnuss verwenden.

Tipp: Wenn Sie die Masse komplett durchtrocknen lassen, bis
sie kross ist, dann haben Sie knackige, hauchfeine Cracker.

Für die Füllung

Als Füllung für die Wraps schneiden Sie verschiedene Gemüse bzw. verschiedene Früchte Ihrer Wahl in kleine Stifte oder Scheiben. Für Gemüsewraps eignen sich:

Karotten, Pastinaken, Fenchel, Zucchini

fein geschnittener Brokkoli, Orangenfilets, Äpfel

Gurken, Tomaten, Oliven, Schalotten, Cashewkerne.

Nach Belieben können Sie darüber noch eine Kokossauce (siehe S. 35 ff.) oder Kokosschaum (siehe S. 87), leicht gesalzen und gepfeffert, gießen.

Als Füllung für süße Wraps eignen sich etwa:

Äpfel, Birnen, Orangenfilets

Bananen, Ananas, Papayas, Mangos

Erdbeeren, Heidelbeeren, Bananen

Aprikosen oder Pflaumen, Walnüsse, Weintrauben

Tipp: Auch die Füllung der süßen Wraps können Sie wieder mit einer leckeren Sauce verfeinern. Verarbeiten Sie dafür 50 g pürierte Trockenfrüchte mit 1 EL Kokosöl und 100 ml Wasser im Mixer zu einer dickflüssigen Sauce – durch die Menge des Wassers können Sie die Konsistenz gut beeinflussen. Geben Sie die Sauce über die klein geschnittenen Früchte in den Wrap, und wickeln Sie ihn zusammen. Auch Saucen aus meinem Buch »Zauberhafte Mandelmusrezepte« passen wunderbar zu den Früchten und lassen sich auch sehr gut mit Kokosmus herstellen.

Grüne-Kräuter-Wrap

Zutaten

500 ml Wasser
1 Tasse frische grüne Kräuter Ihrer Wahl wie z. B.:
Basilikum, Oregano, Thymian und Majoran
Petersilie, Schnittlauch, Dill und Borretsch
Brennnessel, Vogelmiere und Giersch
2 EL Kokosmus
1 EL feine Kokosraspel
2 EL Flohsamenschalen

Tomate-Paprika-Wrap

Zutaten

500 ml Wasser
1 kleine grob zerkleinerte rote Paprika
1 grob zerkleinerte Romanatomate
2 EL Kokosmus
1 EL feine Kokosraspel
1 TL Paprikapulver
1 Prise Kristallsalz
2 EL Flohsamenschalen

Curry-Mango-Wrap

Zutaten

500 ml Wasser
½ grob zerkleinerte Mango
2 EL Kokosmus
1 EL feine Kokosraspel
1 EL Currypulver
2 EL Flohsamenschalen

Meerrettich-Apfel-Wrap

Zutaten

500 ml Wasser
1 grob zerkleinerter Apfel
2 EL Kokosmus
1 EL feine Kokosraspel
2 cm Meerrettichwurzel
2 EL Flohsamenschalen

Scharfer Papayawrap

Zutaten
500 ml Wasser
½ grob zerkleinerte Papaya
und ca. 20 Papayakerne
2 EL Kokosmus
1 EL feine Kokosraspel
2 EL Flohsamenschalen

Schokowrap

Zutaten
500 ml Wasser
2 EL Kokosmus
1 EL Dattelmus aus eingeweichten getrockneten Datteln
1 EL feine Kokosraspel
1 EL Rohkakaopulver
2 EL Flohsamenschalen

Apfel-Zimt-Wrap

Zutaten
500 ml Wasser
1 grob zerkleinerter Apfel
2 EL Kokosmus
1 EL feine Kokosraspel
1 TL Zimt
2 EL Flohsamenschalen

Carob-Birnen-Wrap

Zutaten
500 ml Wasser
1 grob zerkleinerte Birne
2 EL Kokosmus
1 EL feine Kokosraspel
1 EL Carobpulver
2 EL Flohsamenschalen

Zitronen-Ingwer-Wrap

Zutaten

500 ml Wasser
Saft einer Zitrone
2 EL Kokosmus
1 EL feine Kokosraspel
1 cm Ingwerwurzel
1 TL abgeriebene Zitronenschale
2 EL Flohsamenschalen

MaKao-Wrap

Zutaten

500 ml Wasser
Saft einer Orange
2 EL Kokosmus
1 EL feine Kokosraspel
1 EL MaKao-Pulver
2 EL Flohsamenschalen

Kokosteige für
Kuchen, Torten und Plätzchen

Kokosteige können Sie sowohl für Kuchen- oder Tortenböden als auch für Plätzchen verwenden.

Wenn Sie für die Teige frische Früchte oder eingeweichte Trockenfrüchte verwenden, ist es wichtig, dass die daraus hergestellten Leckereien innerhalb von 24 Stunden verzehrt werden, da durch die enthaltene Flüssigkeit ein enzymatischer Prozess einsetzt, der bald zur Gärung führen kann.

Wenn Sie Ihre Teige oder Plätzchen im Lebensmitteltrockner trocknen, sind sie durch den Entzug des Wassers mehrere Wochen haltbar. Das Gleiche gilt, wenn Sie getrocknete Früchte und Nüsse für Ihren Teig verwenden.

Grundrezept für Kokosteige

Zutaten

ca. 2 Teile feine Kokosraspel

ca. 1 Teil frische oder getrocknete Früchte

1 EL Kokosmehl, je nach gewünschter Konsistenz auch etwas mehr

Zubereitung für alle Kokosteige

Wenn Sie frische Früchte verwenden, nehmen Sie z. B. 150 g der Früchte Ihrer Wahl und 300 g Kokosraspel. Waschen und zerkleinern Sie die Früchte, und pürieren Sie sie im Mixer. Geben Sie sie zusammen mit den restlichen Zutaten in eine Schüssel, und kneten Sie die Masse per Hand zu einem glatten Teig. Mithilfe des Kokosmehls können Sie wunderbar die Konsistenz Ihres Teiges beeinflussen.

Wenn Sie mit Trockenfrüchten arbeiten, weichen Sie diese vorher für 1–3 Stunden, je nach Frucht, in wenig Wasser ein, und stellen Sie daraus anschließend im Mixer ein feines Mus her. Fügen Sie dann die restlichen Zutaten hinzu, und verarbeiten Sie alles in der Küchenmaschine zu einem glatten Teig.

Als Trockenfrüchte eignen sich Rosinen, Datteln, Mangos, Ananas, Bananen, Äpfel, Drachenfrüchte, Feigen, Physalis, Kirschen und Beeren. Probieren Sie auch frische Früchten aller Art aus!

Mangoteig

Zutaten

200 g feine Kokosraspel
150 g getrocknete Mango
50 g Kokosmehl
50 g Kokosmus (wird nur benötigt, wenn der Teig zu trocken wird)

Tipp: Aus diesem Teig können Sie leckere Bällchen formen, nach Wunsch in Kokosraspeln wälzen, und direkt servieren, oder Sie rollen den Teig aus, stechen Plätzchen aus und trocknen diese im Lebensmitteltrockner bei maximal 40 °C etwa 4–5 Stunden. Auch als Boden für Törtchen oder einen Kuchen ist dieser Teig ein Genuss!

Schoko-Mandel-Teig

Zutaten

150 g feine Kokosraspel
170 g getrocknete Datteln
150 g fein gemahlene Mandeln
2 EL Rohkakaopulver

Beerenteig

Zutaten

200 g feine Kokosraspel
100 g frische Beeren Ihrer Wahl
20 g Kokosmehl
1 EL Kokosmus
1 EL Dattelmus aus eingeweichten getrockneten Datteln

Tipp: Formen Sie aus dem Teig auf einem Antihaftboden einen flachen Kuchenboden, und lassen Sie ihn 2–3 Stunden im Lebensmitteltrockner trocknen. Für einen Erdbeerkuchen belegen Sie den Kuchenboden einfach mit frischen Erdbeeren. Alternativ können Sie auch wieder Plätzchen oder Kugeln aus dem Teig herstellen.

Einfacher Bananenteig

Zutaten
200 g feine Kokosraspel
150 g Banane
20 g Kokosmehl

Streuselkuchen

Zutaten
1 Kokosteig Ihrer Wahl
Frische, saftige Früchte Ihrer Wahl für den Kuchenbelag (Menge nach Wunsch)

Für die Streusel
70 g Dattelmus aus eingeweichten getrockneten Datteln
50 g Kokosmehl

Zubereitung
Formen Sie aus dem Kokosteig auf einer Kuchenplatte einen Kuchenboden, und belegen Sie ihn mit den Früchten. Vermengen Sie für die Streusel das Dattelmus und das Kokosmehl mit den Händen, und zupfen Sie daraus Streusel. Wollen Sie etwas festere Streusel, nehmen Sie etwas mehr Kokosmehl, mögen Sie sie eher saftig, verwenden Sie etwas weniger Kokosmehl.

Geben Sie die Streusel über die Früchte, und stellen Sie den Kuchen für 1–2 Stunden in den Lebensmitteltrockner, damit alles schön durchzieht und sich das Aroma noch etwas intensiviert. Servieren Sie den Streuselkuchen danach direkt.

Sie können Ihre Streusel noch geschmacklich variieren, indem Sie z. B. Vanille, Carobpulver, Rohkakaopulver, Makao oder Zimt hinzugeben.

Tipp: Besonders lecker schmeckt der Streuselkuchen mit frischen Äpfeln. Belegen Sie dazu den Teig mit geschälten und in Scheiben geschnittenen Äpfeln. Vermengen Sie 1 EL Mandelmus mit dem Saft einer Orange und etwas Zimt im Mixer, und gießen Sie alles über die Früchte. Verteilen Sie anschließend die Streusel auf dem Kuchen.

Schoko-Cashew-Torte

Zutaten

Für den Boden

300 g feine Kokosraspel

150 g Banane

50 g Dattelmus aus eingeweichten getrockneten Datteln

2 EL Rohkakaopulver

1 EL Kokosmehl

Für die Creme

50 g Kakaobutter oder Kakaoliquor

2 Tassen Dattelmus aus eingeweichten getrockneten Datteln

1 Tasse Wasser

Saft einer Orange

2 EL Rohkakaopulver

500 g Cashewkerne, die etwa 6 h eingeweicht wurden

1 Tasse Kokosöl

1 EL Kokosmehl

1 EL Sonnenblumen- oder Sojalezithin

Zubereitung

Verarbeiten Sie für den Boden alle Zutaten in der Küchenmaschine zu einem glatten Teig. Nehmen Sie einen Tortenring,
legen Sie ihn geschlossen auf eine Kuchenplatte, und füllen Sie
ihn mit dem Kokosteig. Schmelzen Sie für die Creme die Kakao-

butter in einem bis zu 40 °C heißen Wasserbad, und geben Sie sie mit Dattelmus, Wasser, Orangensaft und Rohkakaopulver in den Mixer. Fügen Sie dann die eingeweichten Cashewkerne hinzu, und mischen Sie alles zu einer glatten Masse. Geben Sie anschließend noch Kokosöl, Kokosmehl und Lezithin dazu, und mixen Sie alles noch einmal kräftig durch.

Gießen Sie die Masse auf den Kuchenboden, und streichen Sie sie glatt. Stellen Sie die Torte für 2 Stunden ins Gefrierfach oder für mindestens 14 Stunden in den Kühlschrank. Servieren Sie die Torte gekühlt, sie schmeckt herrlich frisch und ist absolut schnittfest.

Tipp: Bereiten Sie im Mixer aus 100 g Dattelmus oder Mangomus, 30 g Kokosmehl und 1 EL Kokosöl eine leckere Creme zu, und tragen Sie sie mit einer Spritztülle als Garnitur auf die Torte auf. Durch das Hinzufügen von 1 TL Carobpulver oder Rohkakaopulver können Sie sie auch in eine köstliche Schokocreme verwandeln. Diese Creme ist sättigend, leicht und von guter Konsistenz.

Cashew-Blutorangen-Torte

Zutaten
Für den Boden
200 g Kokosraspel
200 g Haselnüsse alternativ Mandeln
bis zu 4 EL Dattelmus (nach Wunsch auch mehr)

Für die Creme
Saft und Zesten von 2 Blutorangen
1 Tasse Dattelmus aus eingeweichten getrockneten Datteln
3 Tassen Cashewkerne, die 6 Stunden eingeweicht wurden
1 Tasse Kokosöl
1 EL Sonnenblumen- oder Sojalezithin
1 ausgekratzte Vanilleschote

Für die Dekoration
Blutorangenfilets

Zubereitung
Stellen Sie für den Kuchenboden aus allen Zutaten in der Küchenmaschine einen Teig her, und drücken Sie ihn auf den Boden einer Springform. Geben Sie für die Creme zuerst den Saft und die Zesten der Orangen und dann das Dattelmus in den Mixer. Mischen Sie alles gut durch. Dann geben Sie die eingeweichten Cashewkerne, das Kokosöl, das Lezithin und

die Vanille dazu. Mischen Sie alles – wenn nötig mithilfe des Stößels – zu einer glatten Creme. Gießen Sie sie über den Teig, und streichen Sie sie glatt. Verzieren Sie sie mit den Blutorangenfilets, und stellen Sie die Torte für ca. 10–14 Stunden in den Kühlschrank.

Tipp: Eine tolle Deko für Torten können Sie aus Kokosraspeln und farbintensiven Säften wie Rote-Bete-Saft, Karottensaft oder Granatapfelsaft herstellen. Auch Blaubeersaft oder das Einweichwasser der roten Drachenfrucht eignet sich wunderbar dazu. Geben Sie hierfür zu 100 g Kokosraspeln 2–3 EL Saft Ihrer Wahl, und lassen Sie diese darin so lange ruhen, bis sie sich vollgesogen und die Farbe aufgenommen haben (je nach Raspelgröße, -dicke und Färbungsfähigkeit des Fruchtsaftes kann dies zwischen 30 Minuten und 3 Stunden dauern). Geben Sie die Raspel dann für 1–5 Stunden in den Lebensmitteltrockner, damit sie wieder trocken werden. In einem gut verschlossenen Behältnis sind sie mehrere Wochen haltbar.

Kokos-Frucht-Kekse

Grundrezept für Kokos-Frucht-Kekse

Zutaten

150 g frische oder 120 g eingeweichte getrocknete Früchte
300 g feine Kokosraspel alternativ je 150 g feine Kokosraspel
und gemahlene Mandeln

Zubereitung für alle Kokos-Frucht-Kekse

Verarbeiten Sie die frischen oder getrockneten und eingeweichten Früchte im Mixer zu einem Püree, und stellen Sie
aus allen Zutaten einen glatten Teig her. Rollen Sie ihn ca. 1 cm
hoch aus, und schneiden oder stechen Sie Kekse daraus aus.
Legen Sie sie auf die Antihaftmatten ihres Lebensmitteltrock-
ners, und trocknen Sie sie 5–6 Stunden. Wenn die Kekse etwas
dicker geworden sind, drehen Sie sie nach etwa 3 Stunden um.
Je nach Lebensmitteltrockner sind die Trocknungszeiten
unterschiedlich, weshalb Sie immer prüfen sollten, ob die
gewünschte Konsistenz erreicht ist.

Orangenkekse

Zutaten
Filet und Zesten von 2 Orangen
300 g feine Kokosraspel

Aprikosenkekse

Zutaten
100 g eingeweichte getrocknete Aprikosen oder frische Aprikosen
300 g feine Kokosraspel

Ananaskekse

Zutaten
100 g eingeweichte getrocknete Ananasringe
300 g feine Kokosraspel

Brombeerkekse

Zutaten
100 g frische Brombeeren
300 g feine Kokosraspel

Tipp: Bestreichen Sie die Brombeerkekse mit einer leckeren Schokocreme, wie der Schoko-Chili-Creme (siehe S. 81), und belegen Sie sie mit zerkleinerten frischen Früchten.

Schokokekse

Zutaten
100 g eingeweichte getrocknete Datteln
300 g feine Kokosraspel
2 EL Rohkakaopulver

MaKao-Kekse

Zutaten
100 g eingeweichte getrocknete Datteln
300 g feine Kokosraspel
2 EL MaKao-Pulver

Carobkekse

Zutaten
100 g eingeweichte getrocknete Datteln
300 g feine Kokosraspel
2 EL Carobpulver

Papayakekse

Zutaten
100 g eingeweichte getrocknete Papayascheiben
300 g feine Kokosraspel

Schokoladige und
fruchtige Kokos-Leckereien

Gekühlte Kokolade

Zutaten

100 g Kokosöl
100 g Kokosmus
100 g Kakaobutter
100 g Dattelmus aus eingeweichten getrockneten Datteln
2–3 EL Rohkakaopulver (oder Carobpulver)
1 gehäufter EL Sonnenblumenlezithin

Zubereitung

Erwärmen Sie Kokosöl, Kokosmus und Kakaobutter bei weniger als 40 °C, damit sie flüssig werden. Mischen Sie Dattelmus, Rohkakaopulver und Sonnenblumenlezithin unter. Vermengen Sie die Masse gründlich von Hand oder im Mixer, und füllen Sie sie in Schokoförmchen oder in Formen für kleine Schokoladentafeln. Stellen Sie die noch flüssige Kokolade für ca. 2 Stunden in den Kühlschrank, bis sie fest ist.

Tipp: Durch das Hinzufügen von Mandelsplittern, Kokosraspeln, grünen Rosinen, Ananas, abgeriebenen Orangenschalen oder getrockneten Sauerkirschen können Sie ganz unterschiedliche Kokoladen herstellen.

Frucht-Kokolade

Zutaten

200 g gemahlene getrocknete Früchte
200 g Kokosöl alternativ 200 g Kokosöl und Kokosmus
2 EL Dattelmus aus eingeweichten getrockneten Datteln
1 EL Sonnenblumen- oder Sojalezithin

Zubereitung

Geben Sie alle Zutaten in den Mixer, und gießen Sie die entstandene Masse in Schokoladenformen. Stellen Sie sie so lange ins Eisfach, bis die Frucht-Kokolade fest ist (30 Minuten bis 2 Stunden).

Tipp: Eine leckere Variante ist es, die Frucht-Kokolade aus 200 g eingeweichter getrockneter Mango und 100 g Kokosöl herzustellen.

Schokolierte Früchte

Zutaten

Frische Früchte Ihrer Wahl (Menge je nach Bedarf)
2 EL Kokosöl
1–2 TL Rohkakaopulver oder Carobpulver

Zubereitung

Schneiden Sie die frischen Früchte in kleine, mundgerechte Stücke. Mischen Sie das Kokosöl mit dem Rohkakaopulver oder Carobpulver zu einer glatten Glasur. Bepinseln Sie die Früchte damit, und stellen Sie sie einige Minuten in den Kühlschrank.

Tipp: Für eine schokofreie Variante nehmen Sie einfach anstelle des Rohkakaopulvers 1 TL Spirulinapulver.

Schokocremepudding

Zutaten

100 g Kokosöl
1 klein geschnittene Avocado
1 klein geschnittene Banane
1–2 EL Dattelmus
1 EL Rohkakaopulver oder Carobpulver

Zubereitung

Geben Sie sämtliche Zutaten in den Mixer, und verarbeiten Sie sie zu einem glatten Cremepudding.

Frucht-Schokopudding

Zutaten

100 g Kokosöl
1 klein geschnittene Avocado
1 klein geschnittene Banane
Saft einer Orange
Saft einer Mandarine
1 EL Dattelmus aus eingeweichten getrockneten Datteln
1 EL Rohkakaopulver
1 TL Lucumapulver

Zubereitung

Geben Sie sämtliche Zutaten in den Mixer, und verarbeiten Sie diese zu einer glatten, puddingartigen Creme. Stellen Sie sie einige Stunden kühl, und servieren Sie sie dann mit Kokosschaum (siehe S. 87) und Mandarinenfilets.

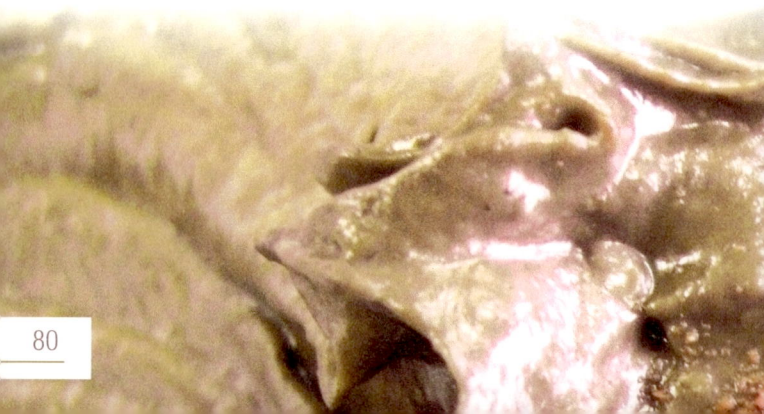

Schoko-Chili-Creme

Zutaten

1 EL Kokosmus
1 EL Mandelmus
1 EL Kokosöl
1 EL Rohkakaopulver
1 EL Dattelmus aus eingeweichten getrockneten Datteln
½ –1 TL Chilipulver

Zubereitung

Geben Sie alle Zutaten in den Mixer, und stellen Sie eine feine Creme daraus her.

Tipp: Diese Creme lässt sich nicht nur wunderbar als Brotaufstrich verwenden, sondern eignet sich auch sehr gut für Cremetorten oder als Dip für Gemüsestückchen. Auch an frischen Früchten ist sie ein echter Genuss.

Eiskreationen

Aus Kokosmus, Kokosöl und gefrorenen Früchten können Sie wunderbar zart schmelzende Eiskreationen herstellen.

Grundrezept für Eiscreme

Zutaten

200 g gefrorene zerkleinerte Früchte
2 EL Kokosmus

Zubereitung

Verarbeiten Sie die Zutaten im Mixer zu einer glatten Eiscreme, und servieren Sie sie etwa mit frischen Früchten. Wollen Sie gleich etwas mehr Eiscreme herstellen, können Sie sie problemlos im Gefrierfach aufbewahren. Schlagen Sie sie vor dem Verzehr dann noch einmal cremig. Als Früchte eignen sich Mango, Papaya, Ananas, Apfel, Birne, Pfirsich, Aprikose, Pflaume, Kirsche, Erdbeere, Himbeere, Blaubeere, Brombeere und Banane. Sie können auch gefrorene Bananen mit Kokosmus und Carobpulver, Rohkakaopulver oder Vanille mischen. Lassen Sie Ihrer Fantasie freien Lauf, und probieren Sie verschiedene Mischungen aus!

Eis-Muffin auf Himbeer-Mango-Sorbet

Zutaten
Für den Muffin
100 g Kokosöl
1 gehäufter EL Kokosmehl
1 EL Rohkakaopulver oder Carobpulver

Für das Sorbet
50 g eingeweichte getrocknete Mango
50 g Himbeeren
100 g Kokosöl

Zubereitung
Verarbeiten Sie für den Muffin alle Zutaten von Hand zu einem glatten Teig, und geben Sie ihn in ein Muffin-Förmchen. Stellen Sie ihn für ca. 1 Stunde ins Eisfach.

Stellen Sie für das Sorbet aus den Himbeeren und 50 g des Kokosöls ein Mus her. Verfahren Sie anschließend genauso mit der Mango und dem restlichen Kokosöl. Drapieren Sie die beiden Muse ineinanderfließend auf einem frostfesten Teller, und stellen Sie ihn für 1 Stunde ins Kühlfach. Nehmen Sie ihn danach wieder heraus, und setzen Sie den Muffin in die Mitte des Tellers. Richten Sie alles 20 Minuten vor dem Verzehr an.

Tipp: Als Dekoration für den Eis-Muffin eignet sich eine Schoko-Kokosöl-Creme. Mischen Sie dafür 1 TL Rohkakaopulver oder Carobpulver mit 2 EL Kokosöl und 1 TL Dattelmus im Mixer.

Kokosschaum

Kokosschaum eignet sich wunderbar als Zugabe zu Eis.

Zutaten

Kokosfleisch und Kokosmilch einer frischen Kokosnuss alternativ 2 EL Kokosmus und 1 Tasse Wasser oder Einweichwasser von Trockenfrüchten

Zubereitung

Verarbeiten Sie die Zutaten mit dem Mixer zu einer schaumigen Masse. Alternativ können Sie auch einen Sahnebereiter verwenden.

Tipp: Kokosschaum passt nicht nur sehr gut zu Eis, sondern auch zu Kuchen, Torten, Desserts, frischen Früchten sowie zu einer Vielzahl von herzhaften Vitalkost-Menüs.

Kokosshakes

Grundrezept für Kokosshakes

Zutaten
500 ml Wasser
1–2 EL Kokosmus
weitere Zutaten nach Wunsch

Zubereitung für alle Kokosshakes
Vermischen Sie Wasser und Kokosmus im Mixer.
Die Kokosshakes können Sie durch verschiedene frische Früchte, Gewürze und Super Foods Ihrer Wahl erweitern. Geben Sie dazu einfach die gewünschten Zutaten zum Wasser und Kokosmus hinzu, und verarbeiten Sie alles zu einem leckeren Shake. Auch für die Shakes können Sie wieder sowohl Kokosmus und Wasser als auch das Fleisch und Wasser einer frischen Kokosnuss verwenden.

Carobshake

Zutaten

500 ml Wasser

1–2 EL Kokosmus

2 EL Dattelmus aus eingeweichten getrockneten Datteln

1 EL Carobpulver

Schokoshake

Zutaten

500 ml Wasser

1–2 EL Kokosmus

2 EL Dattelmus aus eingeweichten getrockneten Datteln

1 EL Rohkakaopulver

Cashew-MaKao-Shake

Zutaten

500 ml Wasser

1–2 EL Kokosmus

1 Handvoll eingeweichte Cashewkerne

1 EL Dattelmus aus eingeweichten getrockneten Datteln

1 EL MaKao-Pulver

Erdbeer-Carob-Shake

500 ml Wasser
1 EL Kokosmus
1 Tasse frische Erdbeeren
2 EL Dattelmus aus eingeweichten getrockneten Datteln
1 EL Mandelmus
1 EL Carobpulver

Aprikosenshake

Zutaten

500 ml Wasser
1–2 EL Kokosmus
5 reife Aprikosen alternativ 1 Tasse Aprikosenmus aus eingeweichten getrockneten Aprikosen

Möhren-Orangen-Shake

Zutaten
500 ml Wasser
1–2 EL Kokosmus
1–2 junge Möhren
Saft und abgeriebene Schale von 2 Orangen

.

Sonnengruß-Shake

Der Sonnengruß-Shake ist ein sehr sonniges, sättigendes Getränk, das vorzugsweise am Morgen oder Vormittag getrunken wird. Es stimmt fröhlich und hält den Blutzuckerspiegel lange konstant, auch bei größeren physischen oder psychischen Herausforderungen.

Zutaten
Saft von 4 Orangen
Saft von 2 rosa Grapefruits
1 EL Kokosmus
1 EL Kokosöl
1 EL geschälte Hanfsamen
1 TL abgeriebene Orangenschale

Über die Autorin

Britta Diana Petri ist Inhaberin der Rain-
bowWay® Akademie / Schule für natür-
liche Gesundheit, vegane Vitalkost und
holistische Lebenskunst. Im Zentrum ihrer
Tätigkeit stehen Methoden, mit denen
Menschen ihre Lebenskraft erhalten,
pflegen und stärken können. Jedes Jahr
verlassen viele ausgebildete »Holistische
Gesundheits-, Ernährungs- und Lebens-
berater« sowie »Vitalkost-Zubereiter« die
Akademie der Autorin.

News, Infos, Termine, Links und Bezugsquellen finden Sie stets
aktualisiert auf ihrer Homepage:

www.RainbowWay.de

Kontakt:

Britta Diana Petri

RainbowWay® Akademie

info@rainbowway.de

Einige Bezugsquellen für Bio-Produkte in Rohkostqualität:
Dr. Goerg Premium Coconut Products, Puravita, PureRaw, Keimling, Taste-of-love, die Wurzel, Rohkostgalerie, Vitakeim

Von Britta Diana Petri bereits erschienen im

Britta Diana Petri
Zauberhafte Mandelmus-Rezepte
roh, vegan und glutenfrei aus der
RainbowWay®-Vitalkost-Küche
Paperback, 96 Seiten, mit zahlreichen
farbigen Abbildungen
ISBN 978-3-8434-5041-6

Mandelmus – die vegane und laktosefreie
Alternative zu Milchprodukten

Mandelmus-Gerichte werden Sie überraschen! Ob leckere Cremesuppen, herzhafte Aufstriche und süße Mandelpasten oder Desserts und köstliche Shakes – alle Kreationen auf Mandelmus-Basis schmecken gut, tun gut, sind leicht verdaulich, geben viel Energie und sind einfach herzustellen. Britta Diana Petri, seit über 20 Jahren Expertin im Bereich Rohkost, verrät Ihnen ihre Rezepte aus der Vitalkost-Küche.
Der Kreativität in der veganen und rohköstlichen Küche sind keine Grenzen mehr gesetzt!

Von Britta Diana Petri bereits erschienen im

Britta Diana Petri
Naturgesunde Fruchtleder und Wraps
roh, vegan und glutenfrei aus der
RainbowWay®-Vitalkost-Küche
Paperback, 96 Seiten, mit zahlreichen
farbigen Abbildungen
ISBN 978-3-8434-5053-9

Fruchtleder – die gesunde und vegane
Alternative zu Gummibärchen

Tauchen Sie in die spannende Welt der Erlebnisvitalkost ein, und lassen Sie sich von den Fruchtlederkreationen der Rohkostexpertin Britta Diana Petri inspirieren. Aus getrocknetem Fruchtpüree hergestellt, ist Fruchtleder zu 100 % rein und natürlich, also frei von jeglichen Zusatzstoffen oder Süßungsmitteln. Genießen Sie seine einzigartige Geschmacksintensität, und lassen Sie sich von seinen vielfältigen Verwendungsmöglichkeiten überraschen. Ob saure Drops, kleine Naschereien für unterwegs, raffinierte Kreationen oder köstlich gefüllte Wraps – die Rezepte der Autorin sind einfach zuzubereiten und regen zum Ausprobieren an. Gesundes Essen kann so leicht und lecker sein!